AF263824

EXPÉDITION

DES

MERS DE CHINE

EN 1858

EXPÉDITION

DES

MERS DE CHINE

RAPPORTS

ADRESSÉS A S. EXC. LE MINISTRE DE LA GUERRE

PAR LE CAPITAINE LABBE

CHEF DU GÉNIE DU CORPS FRANÇAIS

PUBLIÉS PAR LES SOINS DU DÉPÔT DE LA GUERRE

PARIS

IMPRIMERIE IMPÉRIALE

M DCCC LVIII

EXPÉDITION DES MERS DE CHINE

EN 1858.

PRISE DE CANTON.

La place de Canton, dont la France et l'Angleterre se sont
emparées de concert dans la journée du 29 décembre 1857,
est située, comme on sait, sur la rivière des Perles, à 64 kilomètres de l'embouchure. Un peu plus haut, le fleuve s'ouvre
en deux branches, et c'est sur la rive gauche de la plus faible
que s'élèvent Canton et ses larges faubourgs. Par suite, les navires d'un faible tirant d'eau peuvent seuls y aborder, bien que
dans la saison des pluies une partie du sol soit inondée.

La ville se partage en trois quartiers principaux : ville ouverte, qui s'allonge sur le bord du fleuve; ville *nouvelle*, dans la
même forme, mais plus en arrière relativement à la rive; ville
ancienne, ayant à peu près la figure d'un demi-cercle dont la
ville nouvelle serait le diamètre; autour s'étendent les faubourgs.

Un mur d'enceinte enferme la vieille ville et la ville nouvelle, et, passant entre elles deux, les sépare aussi l'une de l'autre. Cet ensemble forme la ville proprement dite, naguère fermée sans réserve aux nations étrangères.

Le mur d'enceinte présente, de distance en distance, des espèces de tours carrées beaucoup plus larges que saillantes; il s'ouvre par des créneaux et des meurtrières dans la partie supérieure, il a 10 à 12 mètres d'élévation et soutient un rempart en terre qui, servant habituellement de communication, peut se garnir de défenseurs et d'artillerie.

Les portes sont couvertes par une construction semblable au mur, dont le plan serait celui d'une moitié de tour ronde très-saillante.

Dans la ville proprement dite, dans la ville ouverte, dans les faubourgs, les rues sont extrêmement étroites (les plus larges ont 4 à 5 mètres), les maisons n'ont généralement qu'un étage, chacune occupe une très-petite étendue, les habitants y sont entassés. On évalue la population totale à un million d'âmes.

Tout le système défensif de la place consiste dans le mur d'enceinte dont il vient d'être parlé et dans les six forts détachés qui, avec les batteries M et M' récemment construites, occupent les hauteurs nord. D'autres forts avaient été élevés sur les bords du fleuve pour en commander le cours, mais ils ont été détruits antérieurement par les Anglais unis aux Américains, et, depuis, les Chinois n'ont pas tenté de les rétablir; on n'avait donc pas à s'en préoccuper dans la dernière attaque.

Du reste, les défenses sont mal entretenues, les maisons du

dedans et du dehors les pressent et s'y appuient presque partout; dans la partie nord seulement les abords sont bien découverts, on n'y rencontre que des tombeaux d'une faible élévation[1].

Enfin, les défenseurs n'avaient pas même pris la peine d'arracher les plantes qui croissent en grand nombre le long des escarpes et qui ont eu, comme on va le voir, leur utilité pour les assaillants au moment de l'escalade.

ARMEMENT DE LA PLACE.

L'armement de la place, non compris les forts, se composait, au moment de l'attaque, de 574 bouches à feu, les unes en bronze, la plupart en fer, de calibres divers, depuis le 36 jusqu'au 18 environ, mais en grande majorité se rapprochant de notre 24. Plusieurs de ces pièces provenaient de fabriques européennes; on en a même trouvé qui avaient appartenu à la marine de la France, débris enlevés sans doute à quelque navire naufragé. Les projectiles étaient en fonte, inégaux entre eux et trop petits pour les pièces; on en mettait plusieurs (jusqu'à cinq) pour un même coup, qui était alors chargé d'une grande quantité de poudre introduite telle quelle dans l'âme de la pièce. Cependant on a trouvé dans les magasins de la place des gargousses très-bien confectionnées.

Ces canons étaient placés sur des affûts en bois, très-bas, massifs, les uns fixes, les autres roulants, tous dépourvus de vis

---

[1] Voir le plan ci-joint.

de pointage. Cette pièce importante et délicate était à la vérité remplacée par une pierre sous la culasse.

Les Chinois avaient en outre, pour défendre leur enceinte, des espingoles en fer, des espèces de fusils de rempart très-lourds, variant de 3 à 5 mètres de longueur, placés sur des chevalets en bambou. Dans ces armes, comme dans tous les autres fusils dont se servent les Chinois, l'amorce est enflammée au moyen d'une mèche enroulée à l'extrémité d'un levier recourbé tournant autour d'un point fixe.

L'armement des forts était composé comme celui de l'enceinte; ils avaient, en général, de dix à douze canons chacun. Deux d'entre eux, le fort Gough et le fort Hung-Kik en comptaient seize.

ATTAQUE DE LA PLACE.

En présence d'une semblable place, défendue comme elle l'était par des masses d'hommes qui, bien que faciles à déconcerter par la science militaire de l'Europe, n'en montrent pas moins souvent un admirable mépris de la mort et peuvent devenir ainsi des adversaires redoutables, ayant à l'attaquer avec peu de monde (1,000 Français et 3,500 Anglais), il importait beaucoup de n'avancer que bien unis, de ne marcher qu'en pays ouvert et d'éviter avec soin de s'aventurer sans appui dans l'attaque des grands centres de population. Il importait surtout d'arriver dans la place par un point élevé d'où l'on pût, en la dominant, paralyser avec des moyens relativement faibles toute tentative de résistance. Les hauteurs du nord, remplissant ces conditions capitales, devenaient naturellemen; le but de notre attaque; mais deux voies différentes se présentaient pour y atteindre : la première, suivie en 1841 par le général Gough, lors du premier bombardement de Canton par les Anglais, exigeait qu'on allât débarquer en S au nord-ouest. Elle avait le mérite d'être assez directe, et le défaut considérable de placer le corps expéditionnaire, pendant toute sa marche, sur un terrain marécageux, extrêmement resserré et où des masses d'hommes, quelque inertes qu'on les imagine, l'eussent aisément enfermé et mis en péril. L'autre voie, partant d'un point de débarquement situé au sud-est, était un peu plus longue, mais elle offrait l'important avantage de placer continuellement la colonne d'expédition dans un pays ouvert, sur un terrain élevé, et où il lui était toujours possible de mettre à profit sa discipline et sa manière de combattre. Pour la suivre, il fallait d'abord s'emparer du fort Lyn, qui avait une action directe sur le terrain à parcourir, s'avancer sur les hauteurs en contournant le faubourg de l'Est, aborder l'enceinte aussitôt qu'on la trouverait dégagée des maisons qui en encombrent les approches dans la partie sud, tenter ensuite l'escalade par plusieurs points à la fois, à la faveur de l'épouvante occasionnée dans la place par le bombardement de l'escadre. Après un premier succès, il fallait s'emparer d'une porte de la ville, y introduire l'artillerie et le reste des assaillants, puis marcher avec eux droit aux hauteurs du nord, en suivant la ligne des remparts.

Telle fut la voie adoptée; tels furent les projets arrêtés d'un commun accord; on en va voir l'exécution.

Le 28 décembre, à huit heures du matin, commence le bombardement. De 32 navires ou canonnières embossés devant Canton, 110 pièces ouvrent leur feu. Il est dirigé de manière à obtenir trois résultats également importants : 1° prendre à revers les défenseurs de la partie est de l'enceinte et les placer ainsi entre les feux de la flotte et ceux de la colonne de débarquement; 2° opérer une diversion vers l'ouest en faisant craindre pour cette partie de la ville et pour le palais du vice-roi, qui s'y trouve, et empêcher ainsi les troupes chinoises de se porter toutes sur la partie attaquée; 3° agir sur le moral de la population par la destruction complète de certains points de la place où se concentre une partie des feux, tandis que quelques boulets isolés vont menacer les quartiers les plus éloignés de la grande cité. Les obusiers rayés sont employés à cet usage et ils y réussissent au delà de toute expression; leurs projectiles atteignent presque à point marqué les maisons du fort Gouh, la grande Pagode et le couvent des Bonzes placé sur le point culminant des hauteurs où s'est plus tard établi le quartier général.

Une heure après l'ouverture du feu, s'exécute, au point indiqué sur le dessin, le débarquement du premier des deux bataillons français qui doivent opérer à terre. Il se rend sur le mamelon A, où il est inquiété par des Chinois occupant le village et les mamelons environnants; il attend le 2e bataillon pour marcher sur eux; il les disperse alors en les chargeant à la baïonnette, et les poursuit dans les tombeaux où ils se cachent et qui forment de nombreuses excavations sur les collines A, B, C. Le 1er bataillon se porte ensuite sur la colline B, pendant que le village à sa gauche est dévoré par l'incendie; il est remplacé dans sa position par le 2ᵉ bataillon. Celui-ci laisse un peloton en *a* pour garder l'ambulance établie dans le bâtiment *ee*. Les boulets lancés du fort Lyn dans la direction des positions A, B, C, passaient en grand nombre au-dessus de ce bâtiment, mais on s'aperçut bientôt qu'ils passaient tous invariablement à la même hauteur, et l'ambulance ne fut point évacuée.

Les troupes anglaises qui sont débarquées pendant ce temps occupent notre droite. Le 59ᵉ régiment anglais a reçu la mission de s'emparer du fort Lyn; il s'avance en *g*, pendant que nos bataillons se succèdent sur les hauteurs B et C. Des troupes chinoises répandues dans les villages, en avant et à gauche de notre position, inquiètent le 59ᵉ; un détachement de notre 1ᵉʳ bataillon les disperse et va s'établir en *b'* pour seconder, s'il y a lieu, le 59ᵉ dans son attaque du fort. Au moment où ce régiment s'ébranle pour faire une disposition préparatoire, notre détachement, croyant qu'on s'élance à l'attaque, s'y précipite lui-même, et le drapeau français flotte le premier sur le fort; les Anglais y arrivent l'instant d'après et l'occupent définitivement. Les Chinois avaient abandonné le fort Lyn et les environs à la vue des troupes qui marchaient résolument sur ce poste; ils s'étaient retirés en arrière et dans les maisons avoisinant la porte de l'Est. Un détachement français est employé à les refouler dans la ville. Il occupe ensuite, comme poste avancé, avec deux obusiers de montagne, les premières maisons du faubourg, afin de garder la porte et d'éviter les surprises que les Chinois pourraient tenter de ce côté pendant la nuit. Ainsi la première partie du programme arrêté était accomplie. Les troupes des deux nations, satisfaites de leur première journée, campent dans les positions D, *d'*, pour la nuit du 28 au 29.

Durant cette nuit, le feu de la flotte se continue sans interruption, et des incendies se manifestent sur un grand nombre de points de la ville. Le 29, au point du jour, tout se prépare dans les deux colonnes pour l'exécution de l'escalade. Quatre obusiers français de montagne et deux obusiers anglais sont amenés en F, pour renverser la crête de la muraille au point où doivent monter les Français. Leur colonne d'assaut et leurs échelles d'escalade sont abritées en E.par des maisons et des arbres. Les Anglais ont agi de leur côté; ils sont prêts, et le signal est bientôt donné. Les Français dressent leurs cinq échelles en bambou le long de la muraille en Z, trois sur la courtine et deux dans l'angle du bastionnet. L'une des échelles se brise sous le poids des assaillants; ils se retiennent aux plantes qui croissent le long de l'escarpe et sont secourus par ceux de leurs camarades qui sont encore au fond du fossé. Cet accident n'arrête point l'élan de nos soldats, et nos couleurs flottent bientôt sur l'enceinte de Canton aux cris de : *Vive l'Empereur!* Le drapeau de l'Angleterre y est arboré peu après sur un autre point. Les alliés sont dans la place; les Chinois, déconcertés, se sont retirés en *xx*, sur le terre-plein, à quelques pas du lieu où l'escalade vient d'être effectuée. Les Français, après s'être reformés derrière un hangar abandonné, tombent sur ces hommes troublés, qui se laissent alors glisser le long du talus intérieur en jetant leurs armes.

On court à la porte du Nord-Est, ainsi qu'aux hauteurs du nord. On entre partout sans résistance. Les Chinois, épouvantés, fuient dans tous les sens et ne songent pas à résister. En un instant on est complétement maître de la position du nord. Toute l'artillerie de débarquement y est immédiatement amenée et mise en batterie, et l'on s'occupe sur-le-champ d'établir les lignes de défense qui existent actuellement et qui mettent à l'abri les quartiers généraux et les troupes de débarquement.

Dès le lendemain, les forts extérieurs ont été minés pour être détruits; l'artillerie a été mise hors de service, et les magasins d'armes et de munitions ont été saisis par les alliés. En même temps la ville était occupée par des postes; des patrouilles y circulaient et les Européens pouvaient parcourir en sécurité cette cité orgueilleuse, d'où ils étaient, quelques jours auparavant, exclus à titre de barbares, et où nul d'entre eux n'aurait pu pénétrer sans courir risque de la vie.

RECONNAISSANCE DE LA PLACE DE TINT-SING,

EXÉCUTÉE D'APRÈS LES ORDRES

DE M. LE CONTRE-AMIRAL RIGAULT DE GENOUILLY,

COMMANDANT EN CHEF.

La place de Tint-Sing offre la forme rapprochée d'un rectangle (voir la carte ci-jointe), comprenant 14 fronts sur l'un des côtés et 10 sur l'autre. Le tracé de ces fronts est uniforme, les bastionnets n'ont qu'une face unique, parallèle aux courtines et dépourvue de flanquements. La ville est traversée par deux grandes rues parallèles aux côtés du rectangle et les partageant en deux parties égales. La place a quatre portes, situées aux extrémités de ces deux grandes rues. Chaque porte est défendue à l'extérieur par un tambour demi-circulaire, par une espèce de demi-tour dont le profil est le même que le profil de la fortification. C'est le même système de portes que celui des portes de Canton.

Le dessus du terre-plein intérieur y est couronné d'un bâtiment formant une sorte de blockhaus, comme dans cette dernière place. Le dessous des voûtes d'entrée de ces portes renferme un approvisionnement de sacs à terre remplis et prêts à être mis en œuvre. La dimension de ces sacs est celle des sacs à farine ordinaires. Les vantaux des portes sont garnis de feuilles de tôle; ils paraissent susceptibles d'une grande résistance. Les portes sont gardées par des postes de Chinois armés de piques (5o hommes, d'après l'appréciation qu'on a pu faire).

Les murs sont découverts jusqu'au pied; ils ont 6 à 7 mètres de hauteur jusqu'au cordon, qui correspond d'ailleurs au niveau du terre-plein; ils sont couronnés de murs à bahut à grands créneaux, comme ceux de Canton; entre ces grands créneaux, espacés de 4 mètres environ, se trouvent 2 petits créneaux pour la mousqueterie. La maçonnerie des murs d'escarpe est en très-mauvais état : les pierres des parements sont, presque partout, rongées à une grande profondeur; on est en train de les réparer dans la partie aa'. En mm' le pied de l'escarpe a fait en avant un mouvement très-prononcé, de sorte que le parement du mur forme un talus qui serait facilement franchissable; les deux grandes lézardes qui limitent cette partie de la muraille offrent, d'ailleurs, une espèce d'échelle toute prête pour l'escalade. En k se trouve une brèche de 2 mètres de largeur environ, qui ne paraît pas être défendue par des ouvrages en arrière. En cc' sont des entrées d'égout de $1^m,5o$ de hauteur et de 1 mètre de largeur environ; elles sont fermées par des morceaux de pierre de taille de $0^m,15$ d'équarrissage, placés comme les barreaux d'une grille; il serait facile de détruire ces grilles et de se faire un passage par ces égouts, mais il serait mieux de s'en servir pour établir des fourneaux de mine qui permettraient d'ouvrir de larges brèches en ces points. Les points rouges en $pp'p''$, placés sur le dessin le long de l'escarpe, à l'extérieur, indiquent les portions des murs de la fortification contre lesquels sont adossées des maisons en appentis; les toits de ces maisons (surtout sur le côté $c'c''$, vers l'angle c') arrivent assez près du fond des embrasures pour qu'ils puissent y donner un facile accès. La ville est entourée dans tout son pourtour d'une espèce de cunette $rr'r''r'''$ de 3 à 4 mètres de largeur et de $1^m,50$ de profondeur, renfermant partout une eau fétide et croupissante. Ce fossé, qui est à 15 ou 20 mètres de l'escarpe, n'est point un obstacle sérieux, il a des ponts sur un grand nombre de points. Les débris de quelques maisons voisines suffiraient, d'ailleurs, pour y faire partout un passage. Aux quatre angles du rectangle $cc'c''c'''$ se trouvent quatre tours ou pagodes chinoises, commandant toute l'étendue de la fortification, mais elles ne flanquent en aucune manière le pied de la muraille. Enfin, au centre de la place en A, se trouve un grand massif de maçonnerie, percé de hautes voûtes, dans la direction des deux grandes rues qui s'y croisent; il est surmonté d'une pagode qui domine toute la ville; il est de forme carrée, de 12 mètres de côté environ; un escalier ménagé dans le pied-droit du nord conduit à la plate-forme.

Les terre-pleins de toute la place sont armés de canons de petit calibre, autant qu'il a paru; ils n'ont pas d'affût et sont portés sur des tas de terre renfermés dans des nattes; ils sont en fonte, renforcés par des renflements et affectant la forme indiquée ci-dessous. On a également vu une espèce de mortier et des canons en bronze dans les environs de la porte B'''.

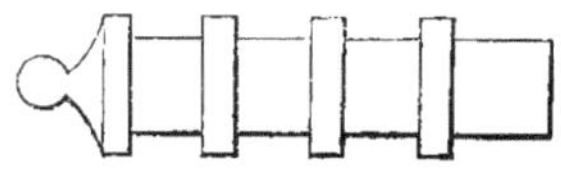

Le point C paraît le plus commode pour une attaque; il est à portée du mouillage et l'on peut arriver jusqu'à environ 1 2 pieds de son escarpe, à l'abri de constructions solides; c'est, en outre, vers cet angle que les maisons adossées aux escarpes, dont il a été question précédemment, sont le plus élevées. On a indiqué en $gg'g''$ un mur et des bâtiments de bonne construction qui pourraient être crénelés au besoin et donner des feux sur les brèches que l'on ferait vers le saillant c'. Enfin la pagode b, qui se trouve à 1 7 5 mètres environ du saillant et à 2 o ou 2 5 mètres environ en arrière du prolongement de la face cc', permettrait, à l'aide de quelques bons tireurs, de rendre le terre-plein de cette face inhabitable. Les canonnières destinées à tirer sur la ville devraient être, autant que possible, à l'intérieur du prolongement des faces $c'c$, $c'c''$, de manière à prendre en enfilade le terre-plein de chacune de ces branches. Une attaque vers le point c''', où le mur est en mauvais état, faite en même temps que celle du point c', aurait des chances de réussir; elle aurait peut-être le désavantage de forcer à affaiblir l'attaque vers ce dernier point. Les circonstances qui se présenteront au moment de l'action peuvent seules faire juger s'il est à propos de la tenter.

A bord de *l'Avalanche*, le 6 juin 1 858.

Le Capitaine commandant le génie du corps expéditionnaire,

Signé LABBE.

NOTE

RELATIVE A LA POSITION MILITAIRE DE TINT-SING

ET A L'OCCUPATION DE CETTE POSITION.

La rivière du Pei-Ho et le grand canal impérial étant les deux voies presque uniques par lesquelles arrive à Pékin tout ce qui sert à la subsistance de l'immense population de cette capitale, la position de Tint-Sing, à la jonction de ces deux cours d'eau, fait de cette place la clef de Pékin, et, par suite, celle de tout l'empire de la Chine; il serait donc de la plus haute importance de pouvoir en être maître à l'aide d'une garnison peu considérable, avec 1,000 hommes par exemple.

La place actuelle, avec son très-grand développement d'enceinte (elle présente près de 6 kilomètres de pourtour), avec ses 48 fronts et ses murailles dégradées, demanderait, pour être défendue avec efficacité, une très-forte garnison, qui, obligée de vivre au milieu d'une population ennemie, se trouverait dans une situation mauvaise. La place actuelle ne se prêterait donc pas à une occupation avantageuse; il faudrait renoncer à l'occuper et la démanteler complétement, pour n'avoir pas à la craindre.

La presqu'île qui se trouve formée par les sinuosités de la rivière du Pei-Ho, un peu en amont de la position de Tint-

Sing (voir le croquis ci-dessous), présente, au contraire, par

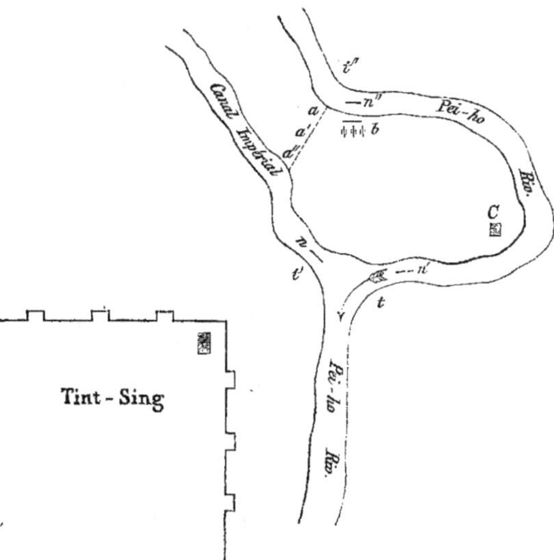

le faible développement de la surface qu'elle occupe, par le peu d'habitations qu'elle renferme, par la facilité qu'il y a de l'isoler complétement et d'en faire, au moyen de quelques travaux en terre de peu d'importance, une position très-solide; cette presqu'île présente, au contraire, les conditions les plus favorables pour la défense, en même temps qu'elle commande entièrement le cours du Pei-Ho et qu'elle le prend d'enfilade en aval et en amont du point où elle se trouve.

Un simple fossé, d'une centaine de mètres d'étendue, suffirait, grâce aux bas-fonds qui se trouvent vers l'isthme $aa'a''$ de la presqu'île, pour donner déjà une certaine valeur à la position; mais, comme le terrain s'y prête d'ailleurs, la clôture de l'isthme pourrait se faire au moyen de pièces noyées, qui n'exigeraient pas pour leur construction des mouvements de terre considérables. On donnerait ainsi à la position un degré de résistance qui en garantirait la possession. On aurait alors à garnir les rives de la presqu'île de quelques épaulements pour abriter des fusiliers, et pour établir les batteries qu'on aurait à employer pour compléter la défense.

Les fossés des ouvrages en terre dont il vient d'être question, s'empliraient aux hautes marées; les eaux seraient retenues à une hauteur convenable, à marée basse, par des batardeaux ou des levées en terre. Cela permettrait de donner moins de profondeur à ces fossés [1].

A ces ouvrages en terre, si l'on joignait une enceinte en maçonnerie placée en arrière et renfermant tous les établissements militaires que comporte une garnison de 1,000 hommes exposée à subir une longue attaque avant d'être secourue, on rendrait la position complétement inexpugnable; les matériaux provenant de la démolition de la place actuelle suffiraient pour les constructions qu'on aurait à effectuer en pareil cas.

Des têtes de pont construites en terre en t, en t' et en t'', flanquées par les ouvrages de l'autre rive et renfermant un petit corps de garde défensif (pour 20 hommes) ou un blockhaus, assureraient la communication avec les deux rives du Pei-ho dans le cas où, pour une raison quelconque, la position se

---

[1] La différence des hauteurs d'eau produite par l'action des marées, dans la rivière près de Tint-Sing, est de 1^m,30, malgré les sinuosités nombreuses du Pei-Ho et la distance de 15 lieues, à laquelle cette place se trouve de la mer.

trouverait momentanément privée de l'appui des canonnières *n, n', n"*, qui, en temps ordinaire, en compléteraient le système de défense.

Une tour en maçonnerie C avait été construite par les Chinois à l'extrémité de la presqu'île, sans doute pour réaliser les avantages militaires qu'offre la position. Elle est actuellement presque en ruines; mais elle peut être réparée, servir de poste de vigie et fournir une plate-forme pour une batterie que l'on pourrait y construire, dans le cas où l'on se contenterait d'ouvrages en terre pour la défense. Dans le cas contraire, elle pourrait encore être utilisée dans le système de défense comme réduit ou comme bastion.

Telles sont les considérations qui ont déterminé le contre-amiral Rigault de Genouilly, commandant en chef, à faire étudier la défense de la presqu'île de Tint-Sing et qui ont servi de base au projet ci-joint (feuille 2). Ce projet comprend deux parties : la première consiste dans des travaux de fortification demi-permanente, dans des ouvrages en terre qui devraient être faits tout d'abord pour s'assurer de la possession de la presqu'île; la seconde partie du projet comprend, en outre, les ouvrages en maçonnerie placés en arrière, et se compose de l'ensemble des ouvrages que présente la feuille de dessin n° 2.

Mouillage de Tint-Sing, le 24 juin 1858.

Le Capitaine commandant le génie du corps expéditionnaire,
Signé LABBE.

PROJET D'OCCUPATION
DE LA PRESQU'ILE DE TINT-SING.

La presqu'île de Tint-Sing est formée par le Pei-Ho au nord-est de cette ville; c'est en achevant la courbe qui l'entoure que le fleuve reçoit le canal Impérial. En amont et en aval, les eaux coulent, pendant plus de 1,500 mètres, suivant une direction rectiligne très-avantageuse pour l'établissement des batteries destinées à dominer le cours du fleuve.

Le sol de cette presqu'île, occupé actuellement, en grande partie, par un cimetière chinois, est généralement bas. Les terrains bâtis et les chemins sont à environ 3 mètres au-dessus des eaux du Pei-Ho, à marée haute; partout ailleurs cette différence de niveau ne dépasse guère 1^m,50. Tous les environs sont plats, et le soin qu'on a pris d'établir les chemins sur des levées indique que la plaine doit être fréquemment inondée pendant la saison des pluies.

Les travaux proposés pour s'établir dans cette presqu'île se partagent naturellement en deux périodes. On commencerait par barrer l'isthme et par élever des batteries pour commander le fleuve et battre les abords en disposant les ouvrages de façon à les comprendre plus tard dans le système général de défense. Pendant ce temps on aurait un casernement provisoire dans les habitations existantes et l'on réparerait la tour ruinée S pour y faire un magasin à poudre. La seconde période comprendrait la construction d'une enceinte continue, d'un réduit, et des bâtiments nécessaires pour l'installation des différents services.

Première période. — Les ouvrages de la première période sont indiqués sur le plan (feuille n° 2) par un liséré vert. Ils comprennent : le chemin couvert 15-16 pour barrer l'isthme, les deux lunettes 13 et 14 avec leurs caponnières, la face droite de la lunette 13 servant de batterie pour enfiler le grand alignement du fleuve en amont, et cinq batteries :

1° De la courtine 1-2 pour croiser les feux sur le terrain des attaques avec ceux des lunettes;

2° Du bastion 2 pour enfiler le grand alignement du fleuve en aval;

3° Du bastion 3 pour flanquer la lunette 14;

4° Du bastion 4 pour joindre ses feux à ceux de la batterie précédente, et battre le fleuve et le canal;

5° Enfin la batterie 12 pour flanquer la lunette 13 et surveiller le débouché de la petite rivière qui est en face.

Le niveau des eaux du fleuve à marée haute a été coté 4,0; à marée basse, les eaux descendent de $1^m,20$ environ, soit à la cote 2,80. Les terrains bâtis et les chemins sont, en général, à la cote 7,0, le reste de la presqu'île varie entre 5,50 et 6,0. Afin de tenir les terre-pleins au-dessus des plus hautes eaux, nous n'avons pas admis pour eux de cote moindre que 6,50; c'est celle du terre-plein de la lunette 13 à la gorge. Cette lunette, construite sur un terrain bas et marécageux, exigera beaucoup de remblais; pour les diminuer autant que possible, nous n'avons donné au saillant que 2,50 de commandement sur le terrain en avant; il est coté 9,50, et les crêtes à leur extrémité, 9,0. Quant à la lunette 14, dont l'emplacement est plus élevé, ses crêtes ont reçu les cotes 10,0 et 9,50, et le terre-plein, à la gorge, s'est trouvé coté 7,0.

Le chemin couvert 15-16 devait satisfaire à la triple condition de ne pas masquer les feux des ouvrages en arrière, de couvrir les escarpes et d'avoir sa plongée vue directement au moins par les faces des bastions. Nous nous sommes contentés de lui donner la cote 8,60, afin de ne pas arriver à des reliefs trop considérables, et le terre-plein a été coté 6,50, une hauteur de 2,10 des crêtes, au-dessus du terre-plein, étant bien suffisante pour cet ouvrage, qui ne doit jouer, pour ainsi dire, que le rôle de masse couvrante quand la fortification en arrière aura été construite. Aussi l'épaisseur du parapet a-t-elle été réduite à $4^m,00$, et quand on creusera le fossé en arrière, le terre-plein n'aura que 6 mètres de largeur, à compter de la crête intérieure, ce qui laisse encore $2^m,30$ pour la circulation entre le pied du talus de banquette et le sommet de la contrescarpe.

Le relief des caponnières a été réglé sur celui du chemin couvert, seulement la caponnière de la lunette 14 a dû être relevée de $0^m,50$ à la gorge de cet ouvrage pour se trouver de niveau avec son terre-plein.

Les crêtes des batteries ont été cotées $11^m,50$; de cette façon

4

elles pourront servir sans modification, après avoir été renfermées dans l'enceinte de la place ; il n'y a d'exception que pour les batteries de la courtine 1-2 et du bastion 2, qui auraient exigé un travail trop considérable pour être portées tout d'abord au relief qu'elles devront avoir par la suite. On commencera par leur donner la même hauteur qu'aux autres; elles se trouveront ensuite naturellement remplacées par les parapets du front 1-2.

Tous les ouvrages de la première période n'auront pas de revêtements, la nature des terres permettra de tenir les talus extérieurs, ainsi que ceux d'escarpe et de contrescarpe, à la pente de 4 de hauteur sur 5 de base. Les lunettes seront couvertes par des fossés pleins d'eau, dont le fond sera tenu à la cote 1,0 pour y avoir toujours au moins 1^m,80 de hauteur d'eau.

La tour ruinée S est assez élevée pour servir de poste pour une vigie ; elle exigera un travail peu considérable pour être réparée et transformée en magasin à poudre. On aura aussi grand avantage à l'utiliser, surtout à cause de sa situation.

Deuxième période. — La place est fermée par une enceinte continue qui ne sera terrassée que sur le front d'attaque. Sur tout le reste de son développement, cette enceinte est formée par un mur en brique crénelé dont le sommet est tenu à la cote 9,50 pour être de 2^m,50 plus élevé que les terrains de l'intérieur, qui seront généralement à la cote 7,0 ; elle est protégée par un fossé plein d'eau, de 20^m,00 de largeur et 1^m,80 de profondeur à marée basse; la hauteur du mur au-dessus de l'eau, à marée haute est de 4ᵐ,5o. Un bourrelet en terre dont le haut, coté 7,5o, a une épaisseur de 3ᵐ,oo, couvre l'escarpe à 2ᵐ,oo près, et empêche les bateaux d'aborder directement le pied des murs.

Le front 1-2 est le plus exposé aux attaques; il sera terrassé; le relief de ses crêtes a été réglé de façon qu'il vît bien le chemin couvert et les ouvrages en avant; aussi les a-t-on cotées 15ᵐ,oo aux saillants et 14ᵐ,5o sur la courtine. Les bâtiments à construire en arrière serviront de parades. Afin de pouvoir réduire la longueur de la courtine, tout en battant bien le fossé, on a fait circuler un couloir crénelé au pied des talus extérieurs de la courtine et des flancs. La crête du mur crénelé est cotée 9,5o et le sol du couloir 7,o sur les faces, la magistrale est maintenue à la cote 9,o, afin de réduire la hauteur des maçonneries et de les mieux couvrir.

Une porte ouverte dans la courtine 1-2 fait communiquer la place avec la route de Pékin par un pont-levis et un pont dormant en bois. Le bâtiment A, que traverse la route, contiendra un passage voûté rendu défensif.

Deux autres portes, couvertes par des corps de garde défensifs, mettront la place en communication avec le dehors. L'une, sur le front 2-3, ouvrira sur un quai de débarquement dans le bassin R, dans lequel on pourra faire entrer les bateaux chargés d'approvisionnements, qui seront immédiatement reçus dans les magasins construits sur l'emplacement G. L'autre porte, sur le front 4-5, servirait aux communications des établissements situés dans le réduit avec les bateaux qu'on amènerait par les fossés.

Un havre de refuge pour les bateaux a été ménagé le long du front 3-4.

Le réduit est séparé de la place par deux fronts crénelés 6-10 et 10-11. Les murs en sont à la même hauteur que ceux de la place, seulement le fossé est réduit à $10^m,00$ de large sur les faces des bastions. Ce réduit contient l'hôpital, le magasin à poudre, les magasins de réserve et le service des subsistances, de façon à ce que la garnison, contrainte de s'y retirer, puisse encore y trouver au moins l'indispensable.

Pour mieux couvrir le front d'attaque et se procurer les terres nécessaires aux remblais, on creusera le terrain en avant jusqu'à $0^m,40$ au-dessous du niveau des eaux à marée basse, pour tendre un blanc d'eau qui régnera jusqu'au pied du chemin couvert. Les terres des déblais excédant ce qu'il faudrait pour les remblais des fortifications serviraient à niveler le sol à l'intérieur de la place.

Enfin, pour ajouter des moyens d'action aux moyens de défense, trois petites têtes de pont en forme de redans ayant $2^m,50$ de commandement sur le terrain environnant seront construites sur les deux rives du fleuve. Un blockhaus dans chaque redan, une palissade pour le fermer à la gorge, de l'eau dans les fossés, permettraient d'y tenir en sûreté un poste de quinze hommes; on y établirait des débarcadères en bois, et le service se ferait au moyen de bateaux.

En admettant une garnison de 1,000 hommes, elle suffirait facilement à garder la place. On pourrait avoir 150 hommes de garde chaque jour, ce qui ne ferait qu'un jour de garde sur 6, en admettant 100 hommes pour les non-valeurs, malades, employés, etc. On en mettrait 45 dans les têtes de pont, 15 dans chaque lunette, 15 sur le front d'attaque; en tout 90, et il en resterait encore 60 pour fournir 7 sentinelles sur l'enceinte, une à chaque saillant, et la garde du réduit, des deux portes donnant sur les fossés et du commandant supérieur.

Nous avons marqué une limite qui passe à peu près à 300^m,00 des saillants; elle indique la zone dans laquelle il serait indispensable de raser les constructions, de détruire les abris et de maintenir le terrain complétement libre. Cette limite est un minimum que nous n'avons pas cru devoir dépasser à cause du grand nombre de maisons qu'il y aurait à détruire. On démantèlerait, en outre, les remparts de Tint-Sing.

Au camp de Tint-Sing, le 5 juillet 1858.

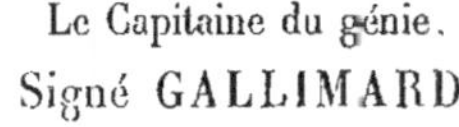

Le Capitaine du génie.
Signé GALLIMARD.

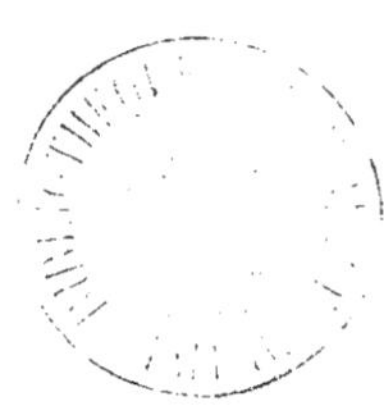

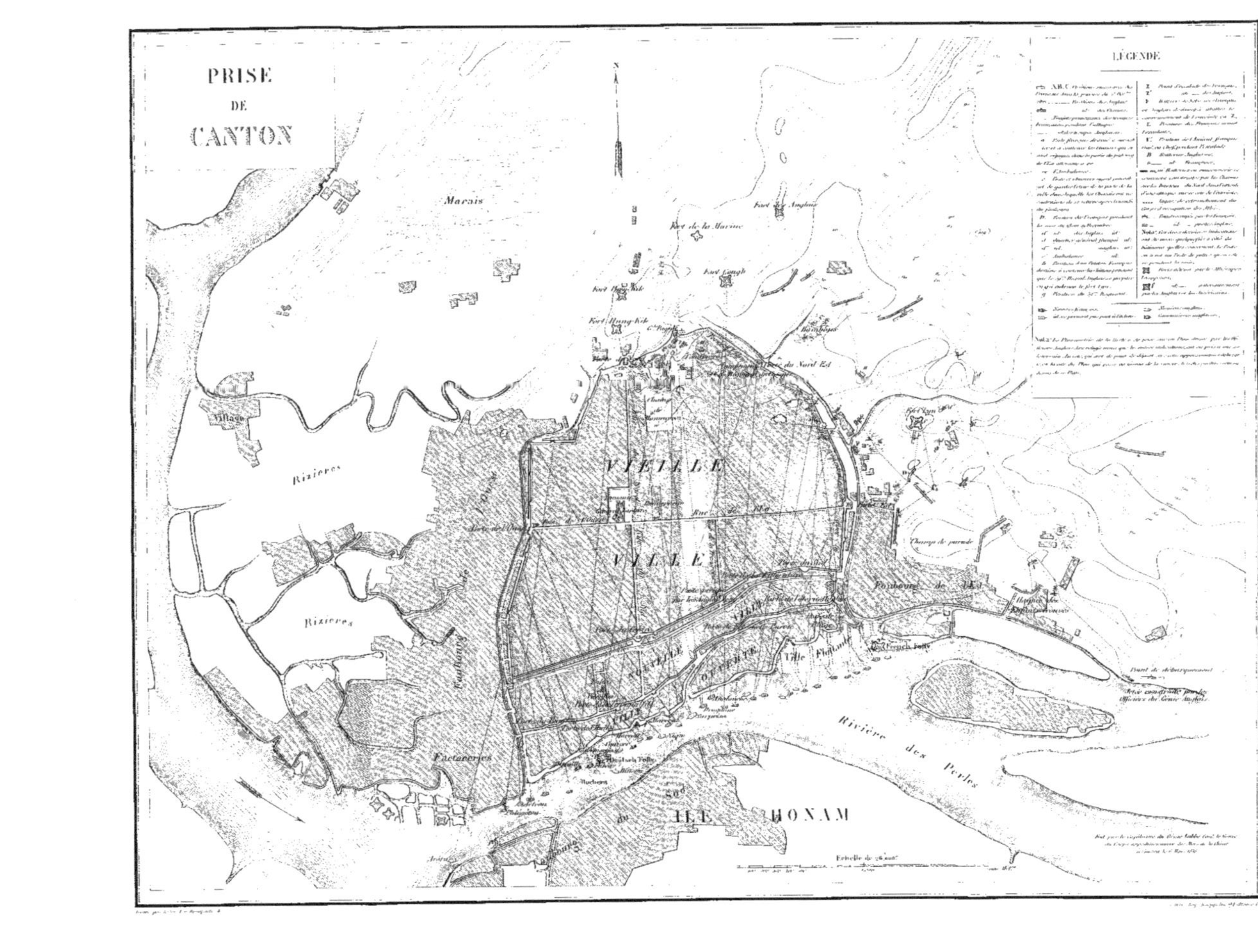

PRISE
DE
CANTON
LÉGENDE
Marais
Rizières
Rizières
Village
Fort de la Marine
Fort des Anglais
Fort Hang-kik
VIEILLE
VILLE
Rue du Roi
Champs de parade
Faubourg de l'Est
Rivière des Perles
ILE HONAM
Factoreries
Échelle de

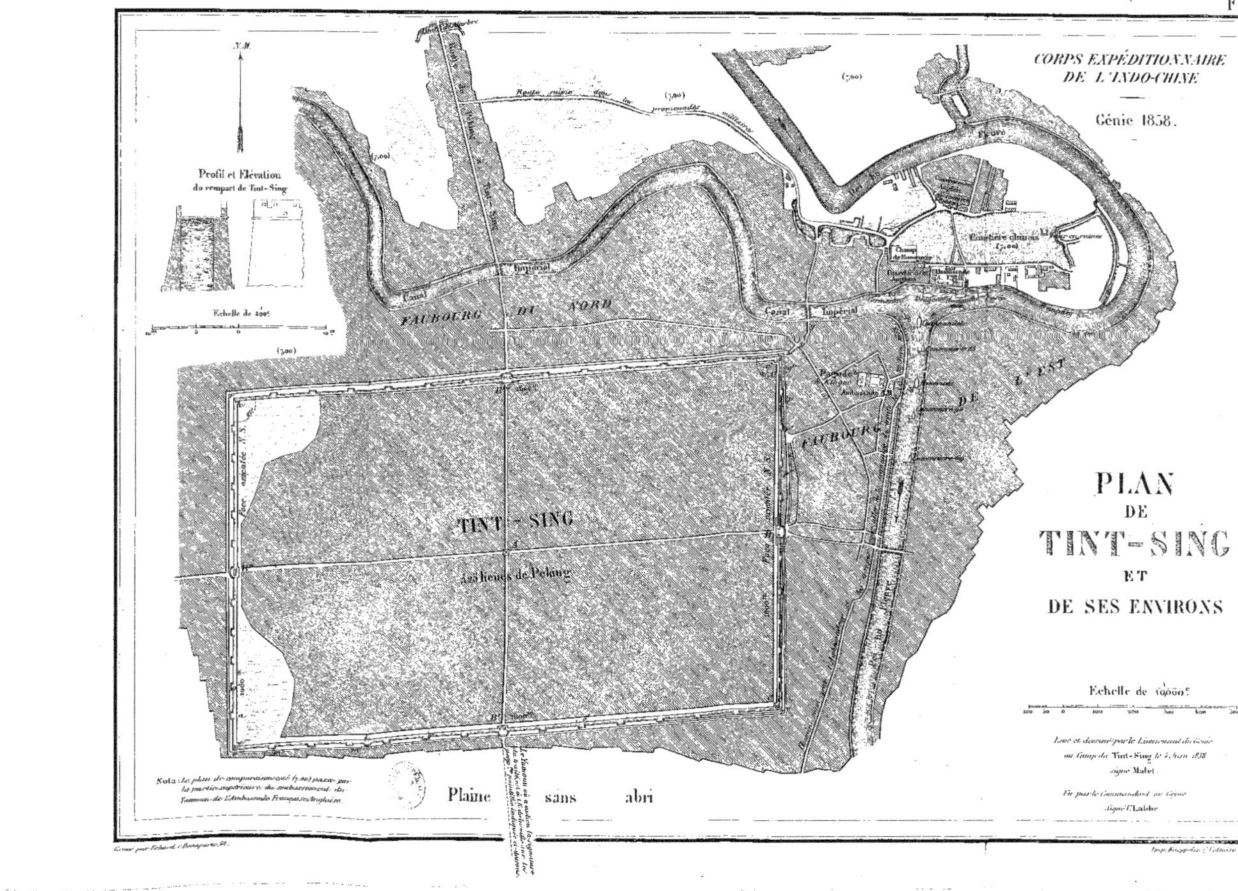

Ple 1.
CORPS EXPÉDITIONNAIRE
DE L'INDO-CHINE
Génie 1858.
Profil et Élévation
du rempart de Tint-Sing
Echelle de 200t
N.M.
FAUBOURG DU NORD
FAUBOURG DE L'EST
Canal Imperial
TINT-SING
Les rues de Pelong
Cimetière chinois
Plaine sans abri
PLAN
DE
TINT-SING
ET
DE SES ENVIRONS
Echelle de 10000e
Levé et dessiné par le Lieutenant du Génie
au camp de Tint-Sing le 2 Juin 1858
signé Malet
Vu par le Commandant du Génie
signé Claldbe
Nota : Le plan de comparaison coté (p.20) passe par
la partie supérieure du embassement du
Yamoun de l'Ambassade Française ou Anglaise
Gravé par Erhard, r.Bonaparte,22.
Imp. Bingelin, (Villaine C.) Paris.

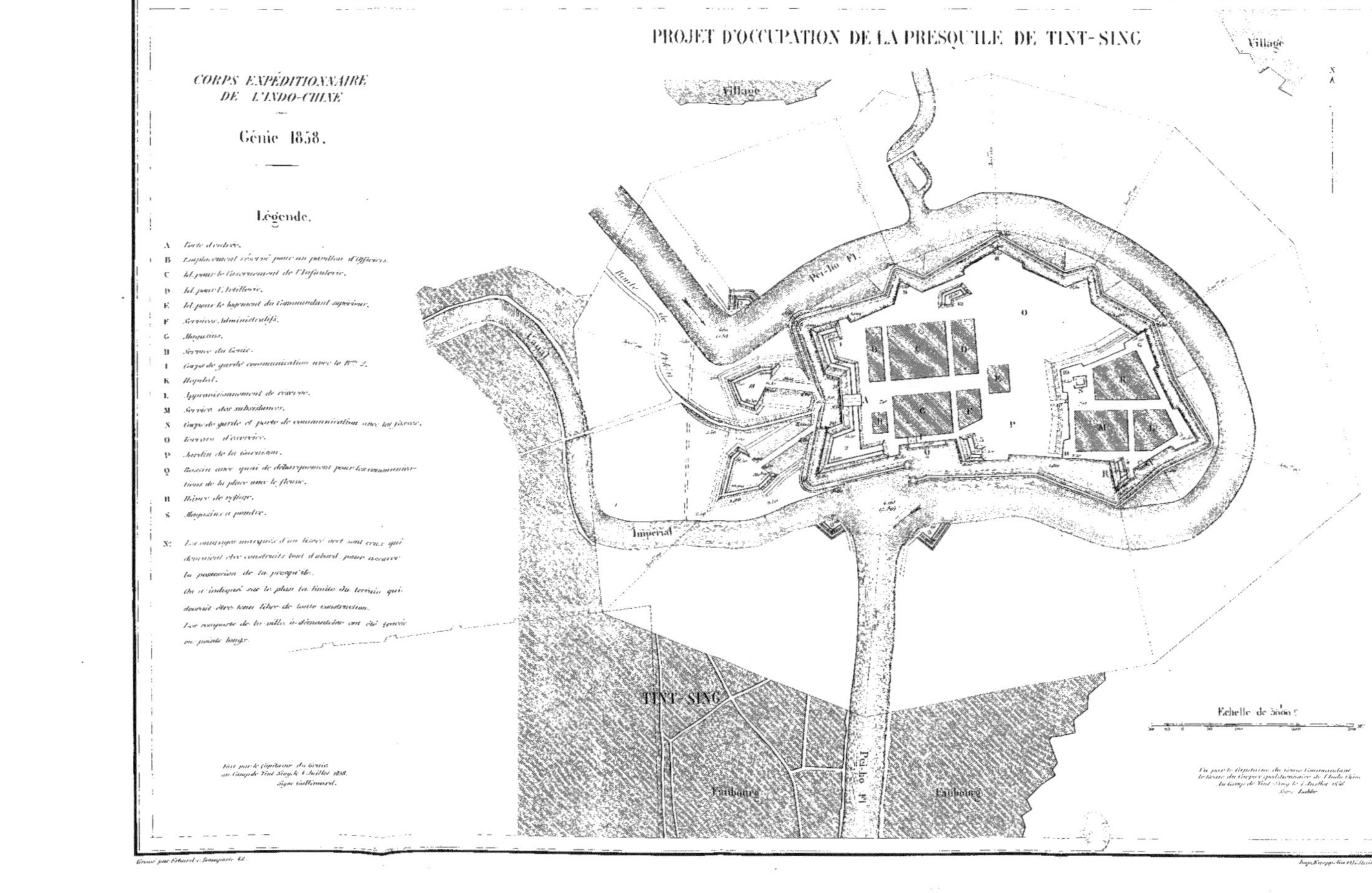

PROJET D'OCCUPATION DE LA PRESQU'ILE DE TINT-SING
CORPS EXPÉDITIONNAIRE DE L'INDO-CHINE
Génie 1858.
Légende.
A Porte d'entrée.
B Emplacement réservé pour un pavillon d'Officiers.
C Id. pour le Casernement de l'Infanterie.
D Id. pour l'Artillerie.
E Id. pour le logement du Commandant supérieur.
F Services Administratifs.
G Magasins.
H Service du Génie.
I Corps de garde communication avec le Fort 2.
K Hôpital.
L Approvisionnement de réserve.
M Service des subsistances.
N Corps de garde et porte de communication avec les places.
O Terrain d'exercice.
P Jardin de la Garnison.
Q Bassin avec quai de débarquement pour les communications de la place avec le fleuve.
R Réserve de refuge.
S Magasins à poudre.
N. Les ouvrages marqués d'un liseré vert sont ceux qui devraient être construits tout d'abord, pour assurer la possession de la presqu'île.
On a indiqué sur le plan la limite du terrain qui devrait être tenu libre de toute construction.
Les remparts de la ville à démanteler ont été tracés en pointe rouge.
Fait par le Capitaine du Génie au Camp de Tint-Sing le 4 Juillet 1858.
Échelle de 5000.e
Vu par le Capitaine du Génie Commandant le Génie du Corps expéditionnaire de l'Indo-Chine, au camp de Tint-Sing le 4 Juillet 1858.
Village
TINT-SING
Imperial
Faubourg
Pa-ho 1.er
Route de

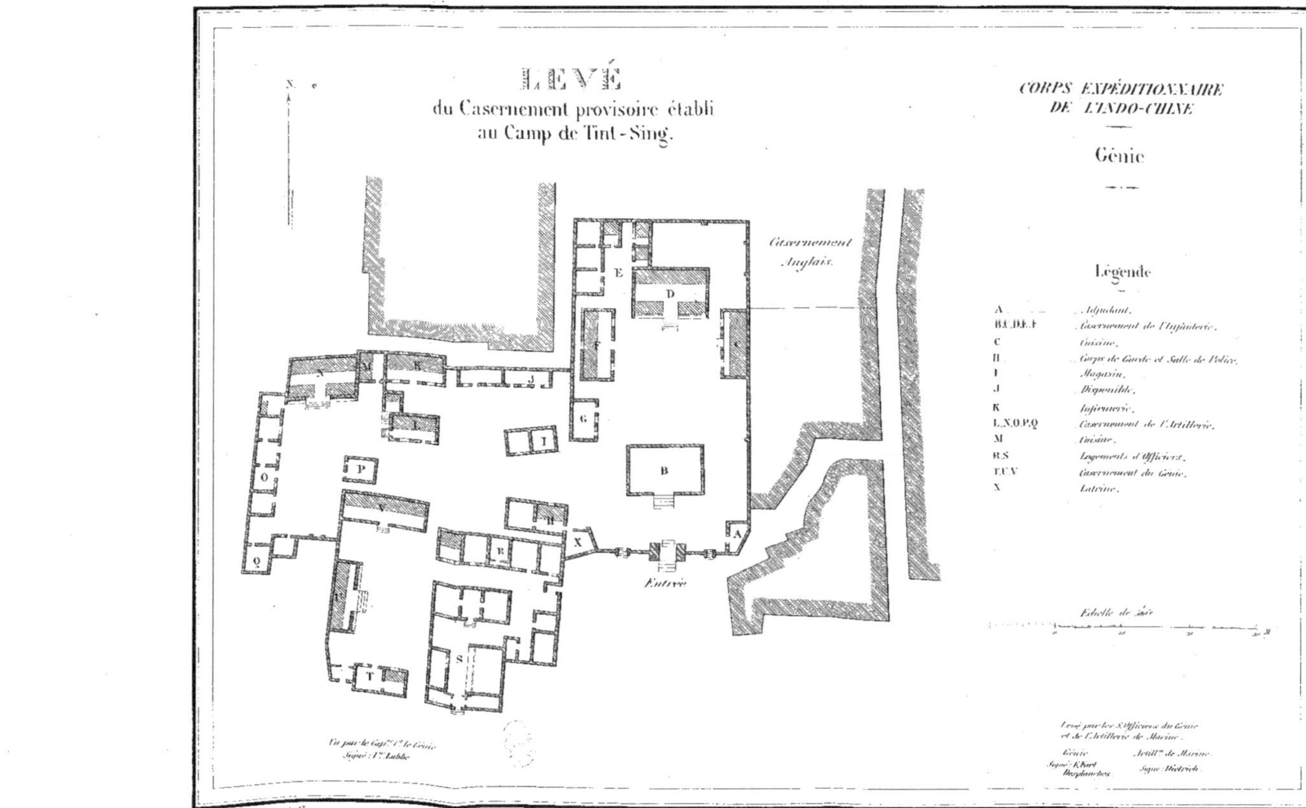

F.lle 3
LEVÉ
du Casernement provisoire établi
au Camp de Tint-Sing.
N.
CORPS EXPÉDITIONNAIRE
DE L'INDO-CHINE
Génie
Casernement Anglais.
Légende
A ..... Adjudant.
B.I.D.E.F ..... Casernement de l'Infanterie.
C ..... Cuisine.
H ..... Corps de Garde et Salle de Police.
I ..... Magasin.
J ..... Disponible.
K ..... Infirmerie.
L.N.O.P.Q ..... Casernement de l'Artillerie.
M ..... Cuisine.
R.S ..... Logements d'Officiers.
T.U.V ..... Casernement du Génie.
X ..... Latrine.
Entrée
Échelle de 1/500
Levé par les Officiers du Génie
et de l'Artillerie de Marine.
Génie   Artill.ie de Marine.
Signé: Kurt   Signé: Diétrich
Dazdancheu
Vu par le Cap.ne C.t le Génie
Signé: L.t Lublie
Gravé par Erhard 12, Bonaparte, 42.
Imp. Bouquet et Cie Voltaire, Paris

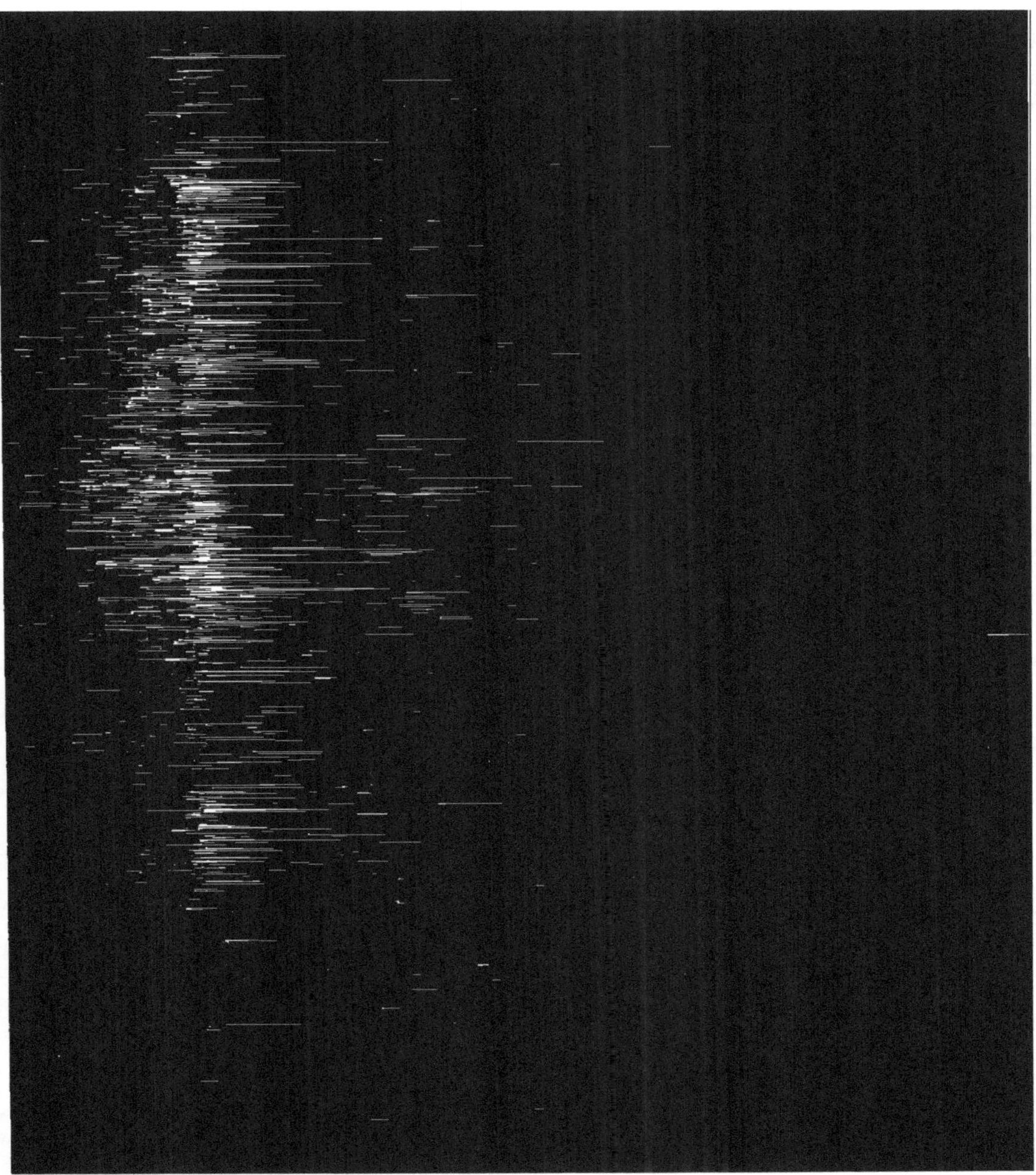